王幻著

文學叢刊

冷瑟詞

文史哲出版社印行

國家圖書館出版品預行編目資料

冷瑟詞/ 王幻著. -- 初版.-- 臺北市：文史哲,
民 98.07
頁： 公分. --（文學叢刊；221）
ISBN 978-957-549-853-5 (平裝)

852.486　　　98012206

文學叢刊 221

冷瑟詞

著者：王幻
出版者：文史哲出版社
http://www.lapen.com.tw
e-mail：lapen@ms74.hinet.net
e-mail：lapentw@gmail.com
記證字號：行政院新聞局版臺業字五三三七號
發行人：彭正雄
發行所：文史哲出版社
印刷者：文史哲出版社
臺北市羅斯福路一段七十二巷四號
郵政劃撥帳號：一六一八〇一七五
電話886-2-23511028 · 傳真886-2-23965656

實價新臺幣一八〇元

中華民國九十八年（2009）七月初版

ISBN 978-957-549-853-5　　08221

自序

白石老人有枚閒章「平生辛苦作詞人」，道盡寫作的心聲。一個喜愛文學的人，大都有些作品行世，日積月累的寫多了，總想結集出版，這種心態很難例外。

筆者從事傳統詩詞寫作，垂六十多年，有詩五、六百首，詞僅七十多闋，皆屬三十幾歲以前的作品。這些作品曾在世界論壇報「世界詩壇」刊載，部份友好讀後，認為尚有可讀性，鼓勵我將之彙集出版，尤其丁潁詞長一再催促，高誼可感。以寫作的經驗而言，詞的限制較多，依規定該用「仄」聲字，不宜用「入」聲相充。但多數人皆難以遵守此類的約束，筆者也是其中之一。

宋代大詩人陸放翁有詩上萬首，其詞不過九十多首。清代書畫家鄭板橋有詩三百四十多首，其詞僅七十七首。由此可見，詞比詩為難寫也。

王幻素描像　蔡信昌畫家繪

我寫的這七十幾首詞，以宋代名詞家李清照的《詞論》標準來說，亦非「當行本色」。茲因垂垂老矣，將這些呻吟之作，付梓出版，為自己留下走過的腳印，也了卻一份似雅非雅的俗事而已。

當〈冷瑟詞〉以〈晚吟樓詞〉的題目，在世界論壇報「世界詩壇」發表，詩人評論家謝輝煌兄隨以「滔天雪浪幾時平」的大文評介，至深銘感。再者，出版家彭正雄兄對本書的印行，協助良多，謹致謝忱！

最後，由於詞稿版面較少，唯將「愛的小詩八首」附錄於後，藉增頁數，並予存念。

（二〇〇九年六月六日於晚吟樓）

冷瑟詞

目次

憶江南之一

玫瑰小，
多刺莫輕攀。
回首依依低綠鬢，
含情脈脈倚朱欄。
眉語暗相關。

憶江南之二

葡萄下，
曾記晤伊時。
巧笑倩兮傳笑語，
惜花安得折花枝。
紫蔓喜深垂。

憶江南之三

輕離別，
飛夢隔天涯。
魚雁音沉何處問？
蓬瀛日出曉風斜。
瀚海阻歸槎。

憶江南之四

多情誤，
一誤到如今。
玉樹瓊枝皆綠意？
花朝月夕負春心。
嬾散發清吟。

河滿子

池水金波弄影，秋園玉樹生風。
羈旅少年惟買笑，茶孃俗翠傖紅。
目送年年芳草，步遊處處疏棕。

暗憶江南信斷，追思華北芙蓉。
去國寂寥空瘦影。悠悠長夜誰共？
應笑多情似我，有情人植梧桐。

鳳凰臺上憶吹簫

春意闌珊，煙霏雲樹，小園滿徑殘英。
見落紅飛絮，諳盡飄零。
草木無情亦老，成瘦損，半是傷情。
更那堪、片帆南渡，孤負鴛盟。

聽聽。
夜蟲啜泣，悵仰望天高，冷月孤星。
念家人何處？生死不明。
記取畫堂歡聚，如夢幻，屈指堪驚。
踟躕久、滿身風露，一片雞聲。

采桑子

月移花影橫窗度，
小坐披襟。抱膝低吟。
一片歸心繞故林。

遣懷小酌烏梅酒，
杯淺情深。夜寂聲沉。
獨向醉鄉夢裏尋。

減字木蘭花

杳無音信，
湖海漫漫何處問？
寂寞離懷，
和酒和茶化不開。

一聲輕喟，
昨日歡歌今日淚。
眉月相關，
盼到初弦復下弦。

鳳凰臺上憶吹簫

望月思君，澆愁借酒，低徊百轉柔腸。
正餘霞散綺，立盡斜陽。
碧畫青山素影，黃昏後，暮靄蒼茫。
煙水外、遠帆隱隱，鷗鷺成雙。

懷想。
問春不語，記林陰小徑，翠袖紅妝。
喜花心撲蝶，爭逐花房。
今夕月華如練，嬋娟意，離恨何長。
待明日、瓊樓把盞，擁醉西廂。

黃金縷

倚遍闌干無意緒。
一抹斜陽抽盡黃金縷。
眼底繁華誰作主？
暗香飄落相思樹。

把酒留春春不住。
滴漏聲中一夜催花雨。
惜別欲尋春去處？
殘霞遮斷荒煙暮。

菩薩蠻之一

櫻花怒發千叢雪，
可憐不見秦淮月。
風軟一聲鶯，
江南三月情。

年年芳草綠，
惆悵春歸去。
何以不還家？
東風誤歲華。

菩薩蠻之二

行人都道春光好，
誰知轉眼花枝老。
肆虐恨東風，
傷心一片紅。

憑高空極望，
佇立危城上。
何處是神州？
滄波咽不流。

菩薩蠻之三

林花落盡鶯聲老，
殘紅狼籍林陰道。
鴛夢思重歸，
離魂雙翼飛。

桃腮嬌若倦，
淚洗胭脂面。
背影喚卿卿，
回眸帶笑迎。

菩薩蠻之四

溪邊初識浣紗女，
東風無賴催春去。
遙隔萬重山，
相思一線牽。

窗前蕉影亂，
雲外音書斷。
風雨小樓頭，
黃花滿地秋。

浣溪紗 有感

聞道陸沉海底城。
魚龍鱗動夜潮生。
狂飆怒吼不堪聽。

西望神州千點淚，
歸航坐待內河清。
滔天雪浪幾時平？

浣溪紗

湖濱閒坐

水面帆移水底雲。
南風盪綠一湖春。
晚山如黛好氤氳。

莫笑桃源驚有漢，
百年而後更非秦。
兒孫繞膝問前因？

念奴嬌

用納蘭原韻

迎風背立。悵遠，滿目荒煙衰草。
露滴胭脂花著淚，葉底鶯聲已老。
玉樹千株，紅樓一角，難慰情懷抱。
天涯羈旅，容華愁損多少？

無如禽鳥知還，一行雁陣，向秋山落照。
最是斷腸明月裏，怕聽淒楚聲調。
浮海音沉，歸心日切，故國夢魂繞。
塡膺百感，仰天惟有長嘯。

雨淋鈴

詠海鷗

澄波如鏡。一帆風送，迴轉汾嶺。
偶從葭浦驚起，方巾羽扇，翩翻清影。
歷盡青山白水，總棲息不定。
望歸處，千里茫茫，浪跡萍蹤沒人省。

淒涼怕對傷心景。惹愁思，日落黃昏境。
夜來蘆笛悲咽，添憔悴，漏長宵永。
隻影而今，卻慣橫塘一份幽靜。
最難耐，拍岸濤聲，寂寞汀洲冷。

水龍吟
讀納蘭詞感賦柬寄邢辛夫

椒房卓戟門楣，清初開國射雕手。
氈毹虎帳，禁城風物，今猶在否？
側帽才華，桂冠聲韻，詞林獨秀。
惜天生俊骨，芝蘭短命。人已歿，文不朽。

往事何堪回首？想當年，侍從鑾右，
飲冰榆塞，立馬東嶽，星寒牛斗。
橫槊樓船，渡江風貌，西湖歌酒。
歎功名、直似沾泥花絮，傍青青柳。

卜算子

月是麗人眉，
星是離人淚。
除卻柔鄉不是春，
夢繞屏山翠。

莫作獨夫醒，
應效千夫醉。
漂泊生涯且盡杯，
此外真無味。

如夢令之一

梅屋琴窗映翠，
人面春宵相對。
擁吻半低冒，
雙睫盈盈翦水。

如醉。
如醉。
推起鬢雲斜墜。

如夢令之二

相思夜長不寐，
小院月明如水。
歸夢欲圓時，
又被雞聲叫碎。

憔悴，
憔悴。
滴落一天星淚。

沁園春

東吳美凝

大好春光，過了清明，景色難留。
惜瓊花香減，輕翎粉褪，飄紅委絮，欲舞還休。
一縷歌雲，雙飛乳燕，萬里晴空任自由。
林泉事，應縱情詩酒，不覓封候。

悠悠。逝水東流。如錦樣年華轉白頭。
便青山凝翠，丹楓若染，非惟惹恨，徒自添愁。
浪跡江湖，行吟野地，銀漢迢迢感舊遊。
悵寥落，問人間天上，誰主沉浮？

臨江仙

十二闌干斜倚處，
一鉤新月初升。
斷腸聲裏晚潮生。
思卿千點淚，散作滿天星。

午夜飛魂翻是夢，
夢魂似睡還醒。
那堪隻影伴孤燈。
教人憔悴盡，不必悔多情。

鷓鴣天

春滿枝頭綠滿塘。
薔薇花發一簾香。
半窗木刻雕松月，
四壁銀輝映鏡廊。

團扇舞，晚風涼。
美人遙隔水雲鄉。
搖來搖去飄香夢，
繪影繪形思轉長。

憶秦娥

天涯路。
平蕪漠漠空凝佇。
空凝佇、
杜鵑聲促：「不如歸去」。

倦遊忽憶花間侶。
雲深海闊知何處？
知何處、
滿懷心事，一天風雨。

一落索

雲樹煙飛如霰。
晚霞西現。
小園芳徑又秋風，
搖落盡，無人管。

鏡裏朱顏偷換。
鬢霜輕染。
欲知別後故鄉情？
試問取，南來雁。

解連環

片雲無托。感飄游若此，韶光虛過。
煙樹晚，玉練橫空，試看取銀河，女牛星座。
遙念妝前，暗塵鎖一簾珠箔。
悵佳期又誤，數盡歸鴻，自嗟輕諾。

誰知此時落寞？正虹橋夢斷，壁蟲聲弱。
待提筆欲寄音書，竟情同意灰，愛與心惰。
碧海秋深，秋夜永，秋風蕭索。
望長天，春回日暖，重邀芳約。

35　菩薩蠻

菩薩蠻 有序

民國四十九年八月十九日，余忽患急性盲腸，即日夜入院開刀。因余生平嗜酒，手術中途痲醉失效，悠悠醒轉；醫師無奈，只得一面開刀，一面使用蒙藥，當時況味，實有生不如死之感。

人生厄困誰能免？
此身終必歸空幻。
夜半割盲腸。時間觸覺長。

游離生命線，
直似心絃斷。
聲息暗相關，死神欲礙難。

浪淘沙

書劍誤平生。總是虛名。
漫將詩酒慰飄零。
湖海沉浮今已定，莫問前程。
窗外兩三星。山月空明。
夜寒風勁夢難成。
誰會天心搖落意？蕭瑟秋聲。

一籮金 詠史

錦繡河山誰是主？
誰比誰強，更有誰留住。
鐵馬銅駝今在否？
秦皇漢武皆塵土。

漫說唐宗和宋祖。
成吉思汗，都被潮流去。
可笑浮生終不悟，
英雄地下長無語。

菩薩蠻

背陽小立沙堤岸，
綠波輕漾深深罯。
流盼水雲鄉，遠山眉黛長。

春心歸似箭，
射落釵頭燕。
花葉暗飄香，雙棲玳瑁樑。

滿庭芳

漁火飄燈，湖心吻月，煙波脈脈凝愁。
遠山零浦，千里泊行舟。
渚靜沙平潮落，翠堤外，雨過雲收。
吟望久、晚來風翼，輕翦拂人頭。

迢迢高馬線，翻瀾澎海，何事淹留？
祝福堂前燕，宜睡宜遊。
多少纏綿衷愫，思緒亂，欲訴還休。
重歸日、流蘇帳暖，細語畫妝樓。

醉吟商小品之一

小品醉吟商，
揮手遣將愁去。
笑看今古。
總被浮名誤。
漫向詞林詩苑，
尋章摘句。

醉吟商小品之二

笑一向疏狂，
回首喚春留住。
爾歸何處？
漠漠天涯路。
古屋茅簷縱小，
可藏風雨。

醉吟商小品之三

又漫步湖濱，
偏愛黃昏幽獨。
月堤煙浦，
曾是思伊處。
魚浪冥濛千里，
誰傳尺素？

醉吟商小品之四

看小小漁帆，
滿載斜陽歸去。
一行鷗鷺，
飛起煙霞浦。
沒入蒹葭叢裏，
覓雙棲處。

憶多嬌

雨夜感題生日禮物

雨潺潺。恨綿綿。
相別時多相見難。
人生醉夢間。
夜將闌。憶從前。
每一凝思心欲燃。
白金小指環。

阮郎歸

臨風玉樹自婆娑。
瓊枝壓女蘿。
生涯無計可消磨。
今春看又過。

歡意少，占愁多。
明年更如何？
良醫若個是華佗。
一朝起沉疴。

憶秦娥

街頭靜。
秋裝點染清秋景。
清秋景、
珊瑚夜市，一窗投影。

寒流如水初過境。
飛沙撲面西風冷。
西風冷、
壓低帽沿，翻上衣領。

踏莎行

枕畔尋詩。花邊索笑。
樓頭小立宜閒眺。
一眶煙水太平洋。
夕陽戀棧留斜照。

有酒開襟，臨風側帽。
波光彩帶珊瑚島。
青空燦雨落紅霓。
迴環日月催歸棹。

踏莎行

柬楊學曾

蓄意思飛，佯狂托病。
前塵迷夢休重省。
有朝一日出樊籠，
幽潭橫度秋鴻影。

可貴青春，飄殘粉徑。
銷紅減翠花枝冷。
天涯夜永盼天明，
自由天地開新景。

臨江仙之一

落日銜山山接水，
彩霞翩若驚鴻。
地平線下隔西東，
亞非天正黑，歐美日方紅。

天地悠悠須坦蕩，
一望無際星空。
初弦月似獵神弓，
銀河光景淡，兩岸渺難通。

臨江仙 之二

瞬息繁華悲喜劇，
人間幾度滄桑？
淵明愛菊晚來香，
田園多逸趣，宦海少歡場。

莫道靈蘭非莠草，
如何不耐風霜。
殘餘零葉尚低昂，
迎人爲競寵，一付可憐相。

采桑子

天涯一點溫馨夢，
慰你情懷。
慰我情懷。
今夜伊人來不來。

繫情惟有清宵月，
爲你徘徊。
爲我徘徊。
瀉下銀輝吻玉臺。

生查子

欲泛太空船，
往遊星際站。
天方有佳人，
惠寄郵花片。

枕壓綺羅香，
被翻雲鬢亂。
試量別後情，
一吻知深淺。

南鄉子

澎湖輪上作

解纜放行舟。
長恨此身不自由。
我向青山揮手別，
凝眸。似覺青山點點頭。

他日約重遊。
燈火繽紛七彩樓。
小憩愛河多愛侶，
輕柔。一枕秋波入夢流。

鷓鴣天

螢橋素描

脈脈青山擁黛螺。
褶裙款擺翠堤過。
翳翳碧竹通幽徑，
河畔遊人穿錦梭。

螢橋月，淡水河。
水湄輕眄月舒波。
波心上下繁星影，
萬點繁星一網羅。

菩薩蠻

東馬公中學范公滔

多年抱疾風沙島，
登輪揮手煙波渺。
覓得一枝棲，
可療煮字饑。

舉杯聊自遣，
莫問愁深淺。
心逐去來潮，
秋聲入海遙。

臨江仙

綠透南枝春信至，
遙聞夢谷輪音。
飛車千里綰同心。
酒酣情味切。杯淺笑渦深。

攜手圓山遊冶處，
鍾情獨愛鴛禽。
循環幽徑喜登臨。
春光多嫵媚。依偎息花陰。

蝶戀花之一

煙罩紗窗春色暮。
怕惹離懷，不踏黃昏路。
蝶自成雙風自舞。
佳陰樹下多情侶。

何日枕邊聞笑語？
預卜花期，倦譜催眠曲。
夢裏欲尋歸宿處，
此心難作癡心主。

蝶戀花之二

搴箔香風飄雨豆。
葉葉聲聲，低訴相思否？
蜷臥無眠非病酒，
日侵月蝕腰圍瘦。

遙隔雲屏紅荳蔻。
小別經年，再見來年後。
綻放燈花銷永晝，
春宵深悔輕輕負。

蝶戀花之三

簾外蕭蕭風雨歇。
海曙朝霞，翦翦雙飛蝶。
一縷天香飄玉闕，
朱櫻欲綻丁香結。

燕婉鶯嬌相怡悅。
裊裊花枝，猶待美人折。
莫笑少年遊獵熱，
紅顏轉眼星星髮。

蝶戀花之四

芳草萋萋愁似織，
咫尺天涯，只合長相憶。
榕樹流鬚垂作穗，
傷春人在春陰裏。

沾絮成塵香滿地，
昨日花開，今日花枯萎。
月影婆娑金翡翠，
杜鵑啼落星光淚。

浣溪紗之一

細步含香不勝春。
幽姿依約畫屏人。
腰肢輕挽綠羅裙。
每自珠簾回素靨，
漫從鬢影覓朱唇。
蛾眉小斂作嬌嗔。

浣溪紗 之二

九曲闌干迴畫廊。
低顰淺笑靜年芳。
海濱消暑意難忘。
鵑圃從經紅粉劫，
花間幾度小滄桑？
空階雨後晚風涼。

望海潮 壬寅仲夏

——賀龍翔漁業公司新張誌禧，兼贈　瀾平先生及明倫蘭昌家震希舜諸誼。

春雷一震，蜚聲千里，魚龍海上齊鳴。
舜日明倫，蘭風送暖，佇望港外瀾平。
鷗鷺結新盟。應同舟共濟，似水深情。
忘卻江湖，漁翁之利莫相爭。

初航駛出臺澎：向溫州射浪，冰島屠鯨。
船曳雙拖，網張八面，急流可奈縱橫？
潮汐漲鯤溟，把羅盤重轉，直指歸程。
且看魚鱗耀眼，漁火滿前汀！

菩薩蠻 閨情四首

重巒疊翠迷遙望，
殘紅墜粉添惆悵。
憶昔畫眉時，
杜鵑花滿枝。

雕梁雙燕婉，
繡幕流鶯散。
日日對斜暉，
盼君君不歸。

菩薩蠻之二

千聲萬葉風蕭瑟，
嫩寒不耐羅衫薄。
秋字上心頭，
巧書一個愁。

晚煙籠碧樹，
樹下分攜處。
何日待重歸？
罰他長畫眉。

菩薩蠻之三

斷腸腸斷心如割，
眼前景物今猶昨。
欲語轉凝神，
綠窗少一人。

若能長相見，
寧肯添幽怨。
床下小拖鞋，
任它傷綺懷。

菩薩蠻之四

情同落葉隨風蕩，
何時重暖流蘇帳？
燈下影成雙，
櫻唇四瓣香。

睫簾垂一線，
穿上心心願。
軟語正泥人，
我身化你身。

菩薩蠻　畫像

蘿扉寂靜煙籠樹，
臨窗少女渾無語。
「咪咪」漫相呼，
柔荑撫貍奴。

髮長慵自挽，
衣帶閒飄散。
終日歛蛾眉，
「不知心恨誰」？

踏莎行

一葉情書，千行小字。
迴文織錦纏綿意。
凝愁不敢問歸期，
構思但說長相憶。

歲月無情，明珠雙淚。
青鸞鏡裏人憔悴。
別來慵自理紅妝，
幽閨靜鎖重門閉。

清平樂 七夕

雙星幽獨，
只被多情誤。
銀漢深深深幾許？
凝望鵲橋歸路。

新描眉月迎窗。
嬌雲羞褪霓裳。
若是兩心相憶，
一年一見可妨。

釆桑子

癸卯初春詠懷

幽棲小築書城裏，
一片孤清。
一份閒情。
一卷新詞細品評。

書生懷抱誰人識？
與世無爭。
不事逢迎。
醉臥文園喚不醒。

減字木蘭花

集納蘭詞句柬宋樸生

春隨人去，
天外孤帆雲外樹。
好景闌珊，
半枕芙渠壓浪眠。

香屏此夕，
別後閒情何所寄？
回首風流，
莫向橫塘問舊遊。

木蘭花 六首

錦屏遙隔天台路，
歛翠含煙籠碧樹。
拖長身影背斜陽，
夢谷雲封無覓處。

護林心事憑誰訴？
立盡黃昏衣著露。
可堪蠟淚已成灰，
至死春蠶難盡緒。

木蘭花之二

校園夙昔初相遇，
輕挽腰肢蹀躞步。
衣香鬢影紫羅裙，
一片青青芒果樹。

含情脈脈傳心愫，
佯面不知心已許。
彩霞飛上玉樓頭，
看取眉峰星月顧。

木蘭花 之三

山萋瑤草臨芳渚，
大貝湖濱人若鶩。
水邊照影影依人，
淺笑橫波深幾許。

數聲蘆笛淩風度，
星掣雲流飄翠羽。
花迷海嶠月迷樓，
乳燕歸巢春日暮。

木蘭花 之四

愛河景色飛香霧，
好是情人遊冶處。
碧雲冉冉浴波心，
一水盈眸時相顧。

惜春莫放春歸去。
花鳥纏綿風細語。
紅樓一夢幾經年？
不識人生何疾苦。

木蘭花之五

鈿車不到圓山路，
岸柳絲牽情萬縷。
忍教一步一回頭？
怕見那人曾立處。

斑斑淚灑湘妃竹。
無可奈何人別去。
寸心千里寄相思，
明月當頭爲祝福。

木蘭花 之六

有情只合長相聚，
天令人間多怨侶。
小窗幽夢十年心，
坐待清宵新月吐。

從今不作憐花句。
爲恐憐花春相妒。
香塵何處可埋愁？
無地埋愁愁不語。

浣溪紗 癸卯

猶記探櫻拾翠忙。
蕊宮輕惹一襟香。
鶯嬌燕婉費端詳。
不向花間尋落夢。
爲憐眉月愛西窗。
已捐秋扇夜初涼。

菩薩蠻 有贈

睫簾映水嬌波轉。
眉端傳語情何限。
小坐看梳妝。
鬢雲入夢翔。

出巢驚乳燕。
顧影雙釵遠。
娟夢落誰家？
璇宮星月斜。

減字木蘭花

甲辰四首

小探春訊。
滿地佳陰春月印。
燕去樑空。
猶自重簾認舊踪。
歸飛何處？
花若解人花應語。
輕縐眉頭。
凝聚人間第幾愁。

減字木蘭花之二

乍驚相見。
貝蕾櫻唇開笑靨。
眉語輕柔。
嫩水嬌波相對流。

髩邊低顧。
秀髮飄香時相度。
瘦減芳姿。
扶上雕鞍馬不知。

減字木蘭花之三

綺懷誰訴？
漫自言談分雅素。
歛起心聲。
但話家常不說情。

莫詢宿願。
因惜彩雲嬌易散。
夜鼓輕催。
山月隨人緩緩歸。

減字木蘭花 之四

琴窗小座。
星月窺人人默默。
待不思量。
又見嬌雲褪晚裳。

夜闌吟定。
葉片琉光交相映。
疏影橫斜。
除卻幽蘭不算花。

附記

我幼年時，先父曾教誦《千家詩》，至今記憶尤深。甫冠，開始尋章覓句，除寫古典詩外，亦因情之所寄，塡寫古詞：前後約十五、六年時間，得長短調七十八闋。

嗣因環境改變，則未再彈此調：回首重讀舊作，昔日情懷，躍然紙墨行間，不免悵惘久之。所謂「爲賦新詞強說愁」，然而，當境遷情移，則難以寫出纏綿之作，亦無心情強說愁矣！

（二〇〇三年七月廿七日）

滔天雪浪幾時平？

——王幻《晚吟樓詞》讀後

謝輝煌

乍見「晚吟樓詞」三字，以爲是幻翁「晚」近「吟」的新作。直至讀到〈鷓鴣天．螢橋素描〉等作及〈後記〉，才知道這七十八闋詞作，原來是他來台前後那十五六年間的「早吟」，突覺有一股引人「思古」的幽香從紙背透出，不讀不快。

幻翁是山東蓬萊人。山東是「禮樂衣冠第，文章孔孟家」（鄭成功詩）的地方，也是詞家辛棄疾、李清照的故鄉。蓬萊是豪傑的產地，明朝的戚繼光，民初的吳佩孚，都是鐵漢。幻翁在〈後記〉裡說：「我幼年時，先父曾教誦《千家詩》，至今記憶尤深。」這些文文武武的優質傳統，應是他詞中兼具豪放與婉約之美的有機養料。前者如〈望海潮．壬寅仲夏〉：

> 春雷一震，蜚聲千里，魚龍海上齊鳴。舜日明倫，蘭風送暖，佇望港外瀾平。鷗鷺結

新盟。應同舟共濟，似水深情。忘卻江湖，漁翁之利莫相爭。

初航駛出臺澎，向溫州射浪，冰島屠鯨。船曳雙拖，網張八面，急流可奈縱橫？潮汐漲鯤溟，把羅盤重轉，直指歸程。且看魚鱗耀眼，漁火滿前汀！

後者如〈江南四首之三〉：

輕離別，飛夢隔天涯。魚雁音沉何處問？蓬瀛日出曉風斜，瀚海阻歸槎。

又如〈何滿子〉下片：

暗憶江南信斷，追思華北芙蓉。去國寂寥空瘦影。悠悠長夜誰共？應笑多情似我，有情人植梧桐。

又如〈鳳凰台上憶吹簫〉上片：

春意闌珊，煙霏雲樹，小園滿徑殘英。見落紅飛絮，諳盡飄零。草木無情亦老，成瘦損，半是傷情。更那堪，片帆南渡，孤負鴛盟。

上舉〈望海潮〉，雖是一闋「賀龍翔漁業公司新張誌禧」的應酬之作，但氣勢如虹，筆力萬鈞，彷如一幅國軍海上突擊的壯闊畫面。而當讀到「向溫州射浪，冰島屠鯨」的雄風句時，有如在讀稼軒的「金戈鐵馬，氣吞萬里如虎」。至〈憶江南〉等篇，則飽滿著易安「一種相思，兩處閒愁」，和「纔下眉頭，卻上心頭」的悽惋之情。行行字字，都是淚痕。原因是山東自光緒甲午（一八九四）起，遭受過不少災難。好不容易看到日本鬼子如喪家之犬，垂頭夾尾而去，國共又在山東大幹特幹起來。從民國三十六年一月到五月，中共先後在嶧縣、萊蕪、泰安、孟良崮等地，吃掉了國軍六個精銳的整編師（相當軍）。尤其是孟良崮一役，張靈甫等高級將領自戕殉國，猶如泰山之傾，震驚了大江南北。而在此同期，劉伯承、陳毅，又先後在鉅野、南麻（沂蒙山區）、曹縣等地，和胡璉的部隊三度交手，硬碰硬拚，殺出殺進。當時，山東半島上的青壯，幾無陸路可逃，只有從青島等處港口「片帆南渡」了。女孩子則多無此方便，只好暫忍分離之苦，讓有情人在遠方「追思華北芙蓉」，自己在月夜「植梧桐」（立盡梧桐影）了。

歷史上，很難找到那種「一過海，就形同天人永隔」的悲情畫面，偏偏在一九四九年的中國就出現了。誰是始作俑者？也許有雞生蛋，蛋生雞的難解之處。但毛澤東靠著那面大紅旗起家，則是不爭的事實。作爲一個中國的知識青年，當然有話要說。〈菩薩蠻四首之一〉道：

> 櫻花怒發千叢雪，可憐不見秦淮月。風軟一聲鶯，江南三月情。　年年芳草綠，惆悵春歸去。何以不還家？東風誤歲華。

話還沒有說完，因爲同調之二，還有「肆虐恨東風，傷心一片紅」；同調之四，又有「東風無奈催春去」。這一連三個「東風」，再加「一片紅」，不是偶然地湊在一起，而是有典故的，且看〈一籮金．詠史〉：

錦繡河山誰是主？誰比誰強，更有誰留住。鐵馬銅駝今在否？秦皇漢武皆塵土。　漫說唐宗和宋祖。成吉思汗，都被潮流去。可笑浮生終不悟，英雄地方長無語。

這不是王婆罵街。再看〈浣溪沙．有感〉：

聞道陸沉海底城，魚龍鱗動夜潮生，狂飆怒吼不堪聽。　西望神州兩行淚，歸航坐待內河清，滔天雪浪幾時平？

原來，〈一籮金〉的火，是針對著毛澤東〈沁園春．雪〉中的「欲與天公共（試——）比高」、「數風流人物，還看今朝」而發的。找到了頭，「東風」和「一片紅」就不是隱語了。至於「滔天雪浪」，則是將〈沁園春〉中如浪的「雪」，和海上如雪的「浪」結合而成，比喻當時的時局。「滔天雪浪」既是毛澤東所掀起，當然在「傷心一片紅」之餘，要痛恨「東風」了。但就在「神州」「陸沉」（實未完全陸沉），中共建政（十月一日）三週後，意氣風發地揚言要「堅決打金門，渡海攻臺灣」，使得臺海情勢非常緊張之際，不意中共首敗於古寧頭，再敗於登步島，給我們帶來不少希望，且咸盼國軍一鼓作氣，乘勝反攻，光復神州，早日敉平亂局，使寰區內「河清」海晏，以便還鄉，各歸其位，各安其業，各謀其生。然而，中樞無主，大事混沌，除了「西望神州兩行淚」外，就只能問上蒼「滔天雪浪幾時平」了。

兩岸對立態勢已成，此岸雖把「一年準備……五年成功」的口號叫得很響，彼岸的「宜將剩勇追窮寇」（毛澤東詩）的政策從未放鬆。繼三十九年七月兵敗大二擔之後，發動四十三年九月三日、四十六年六月二十四日及四十七年八月二十三日等三次瘋狂砲戰，和近百次的海空攻擊（含馬祖海空域）。此外，台美間有四十六年五月二十四日「劉自然事件」。又，此岸四十六年總統元旦文告，有「反共抗俄革命高潮，將在今年全面展開」的宣示。對岸於同期，內有康藏及北大等抗暴，外有美、蘇、印、南等國「反華」。這些重大的國事、天下事，當然會刺激幻翁的詞筆，如：〈如夢令二首之二〉：

相思夜長不寐，小院月明如水。歸夢欲圓時，又被雞聲叫碎。憔悴，憔悴，滴落一天星淚。

又如：〈一落索〉：

雲樹煙飛如霰。晚霞西現，小園芳徑又秋風，搖落盡，無人管。　鏡裡朱顏偷換。鬢霜輕染。欲知別後故鄉情？試問取，南來雁。

另一面，那時的台灣，雖面對一個「山雨欲來」的局面，但從韓戰爆發起，民間不僅看不到「風滿樓」景象，反而在台北及高、基兩港都，燈紅酒綠，夜夜笙歌的繁華，實不讓秦淮當年。這個現象，據《俞大維傳》：「這是爲了『安定民心』所作的重大決策。」因此，供一般軍民休閒的電影院、歌廳、舞廳，便應運而生。最初，在迪化街附近的淡水河堤外，就有三塊錢一杯茶，聽兩小時歌的露天歌廳。到了四十五、六年間，今中正橋（螢橋，又名川端橋）下游沙洲上，也出現了一家。打歌的都是撤退來台的女娃，包括山東姑娘高曼麗等。河邊風光如何？請看〈鷓鴣天・螢橋素描〉：

河畔遊人穿錦梭，摺裙款擺翠堤過。翳翳碧竹通幽徑，脈脈青山擁黛螺。　螢橋月，
淡水河，水湄輕盼月舒波。波心上下繁星影，萬點繁星一網羅。

這幅風景，比當年徐鍾珮〈發現了川端橋〉中的，「幾個穿著花裙的女孩子跪著在洗濯衣服，橋邊一輛牛車，緩緩而行」，真的是要富麗而羅曼蒂克多了。原來，當年橋頭有一叢碧竹，竹叢中還有人家，清幽中似藏著幾許神秘。橋頭另一邊的堤上，野花朵朵開，還有「ＢＢＱ」，加上這邊的歌臺舞榭和小遊艇，所謂「河畔遊人穿錦梭，萬點繁星一網羅」，倒也沒有虛寫。

情隨境遷。四十九年，幻翁得了一次急性盲腸炎。手術中，麻醉失效，「割」得他死去活來，大概也割出了他另一種無奈。〈憶秦娥〉下片說：

寒流如水初過境，飛沙撲面西風冷。

西風冷，壓低帽沿，翻上衣領。

這當然是對惡劣氣候的本能反應，但又何嘗不是一種逆來順受的表徵？讀書人對國家大事無計可售時，只好退求其次。嫁軒不也有「宜醉宜遊宜睡」的感慨？幻翁呢？一邊在〈臨江仙二首之二〉罵罵「迎人爲競寵，一付可憐相」，一邊在〈釆桑子．癸卯初春詠懷〉替自己定調：「幽棲小築書城裡。一片孤清；一份閒情；一卷新詞細品評。　書生情懷誰人識？與世無爭；不事逢迎；醉臥文園喚不醒。」

歸棹無處買，也是無奈。〈清平樂．七夕〉正是那份情懷：

雙星幽獨，只被多情誤，銀漢深深深幾許？凝望鵲橋歸路。　新描眉月迎窗，嬌雲羞褪霓裳。若是兩心相憶，一年一見何妨。」

但是，遠方傳來的一句「千里共嬋娟」，又能解決什麼問題？

綜上所析，幻翁這些「早吟」，決非他在〈後記〉裡自謙的「爲賦新詞強說愁」，而是傷心人別有懷抱。然而，五十年過去了，海峽裡的「滔天雪浪」平了嗎？風，常是從不該來的地方來；雨，總是在不該下的地方下。銀河上縱有鵲橋如彩虹，也難見到「金風玉露一相逢，便勝卻人間無數」（秦觀詞）的佳境，反倒被四十年前的幻翁說中：「斂起心聲，但話家常不說情」（〈減字木蘭花．甲辰．之三〉），真是尷尬無比。（按：當年透過第三地親友轉信，就是只話家常。如今，兩岸雖開放已久，還是只有「但話家常」，四海皆準。

另一方面，詞雖被人看作「詩餘」，論創作的難度，比起詩來，只有過之而無不及，原因是，詞要「倚聲」。今雖無聲可倚（原調已失），拘束還是不少。但看幻翁筆下，總是從容遊刃於千情萬緒之中，不拗不佶，不險不峭，用典不多，有亦取熟。至於談情說愛，愁紅怨綠，原是詞的當家花旦。如「除卻幽蘭不算花」（〈減字木蘭花，甲辰．之四〉），個中情味，豈止是「祇許佳人獨自知」？論格調，勝於「除卻巫山不是雲」。有詞如酒，豈能不醉？

二〇〇三年八月廿六日

（二〇〇三年九月廿五日　世界詩壇第廿六期）

附錄：

愛的小詩八首

愛的心曲

——寫給半周歲的外孫女小琪琪

飲妳的酒渦
讓人醉在醉裡
這張吹彈得破的小臉
只可輕輕地香一口
才不會留下手觸的指痕

睇妳的童眸
這對黑白分明的大眼睛
水靈靈地流露
似懂非懂的光采

似在要人抱一抱的期待
親妳的腳Ｙ
這雙未沾染塵泥
胖胖圓圓的天足
彷若又白又嫩的蓮藕
仍帶著濯水荷塘的清香

（壬午年重陽節）

愛的行程

細細霏霏的雨絲
連綿不斷
自新店以迄新竹

我禁足十年
未曾跨出鱗次櫛比
台北縣市的版圖

今天我拎著
滿懷愛的行程
去探望剛離巢的乳燕

雙層巴士
飛馳於高速公路
如一頭巨鯨衝浪而行

直達新竹縣府車站
小琪琪牽著媽咪的手
已早來佇候

她披一件粉彩的雨衣
恍若花卉畫卷
著色生輝的小蓓蕾

（二〇〇四年十月十八日寫於《縣府之星》大廈十一樓女兒新居）

寫給小琪琪

妳住在新竹那一邊
我住在新店這一邊
一條剪不斷的臍帶線路
藉由耳機傳遞
生活的點滴

我乃七十多的老者
妳方兩歲多的幼童
小娃兒婉轉小鸚鵡學舌
妳反覆的說：
「我在新竹看不見爺爺」

如是溫馨的呼喚
我只好駕起晨旭去到新竹
妳把情緒寫在臉上
欣然笑春風
彿然淚秋雨

新世紀的寵兒
電視卡通促進超齡的聰穎
祝福愛在心窩的小孫女
平安、快樂
健康、成長

（二〇〇四年十二月五日於晚吟樓）

溫馨的童話
——寄給新竹奇果幼稚園小班謝子琪

爺爺：
我好想到新店去照顧你
從新竹打的電話中
傳來溫馨的童言童語

我要把這句話
銘在心窩深處
因出自幼教小班生之口
真令人難以置信

期望妳將來
胸懷老老幼幼的大愛
照顧須要照顧的人
莫限於親其所親！

（二〇〇五年十月廿六日於台北晚吟樓）

觀小琪琪化裝晚會

當掌聲響起
一群化裝兔寶寶的
小星星閃亮在
新竹初夏的夜空

站在台上的小琪琪
伴隨樂聲鼓聲
舉手投足展現一片
天真活潑的畫面

望龍望鳳的家長

以數位相機
采采色色的拍攝
小娃們繽紛之第一步
（二〇〇六年五月二十日於晚吟樓）

題小琪琪的畫

你的畫作
不加雕飾
流露一片天真的光彩

看這幅娃兒的臉
宛若影像你的面型
胖嘟嘟的十分可愛可親

那兩只眼睛
以抽象的筆法畫出
自我眯笑瞪視的心境

年方五歲的小豆苗
不要放棄衷愛的興趣
快樂開拓才藝的園地

畫吧！盡情的畫
唯有彩繪的童夢
永不隨著歲月而褪色！

（二〇〇七年七月十日於晚吟樓）

後記：就讀新竹「小小世界幼稚園」中班的小外孫女謝子琪，自三、四歲起，即會拿筆涂抹畫畫。這幅畫作，頗具抽象風格及想像空間；茲題小詩，以資存念。

除夕風雨燕歸來

——為謝子琪外孫女寫照

妳是王謝堂前
小燕子的化身？
紮起兩條烏溜的髮辮
彷彿剪剪雙釵的風采

台北的天空陰雨連綿
自舊年滴到新年
妳冒著濕冷的氣候
由新竹飛回新店

妳帶來了春的喜訊
致溫暖了冬的寒流
又軟語呢喃
似在祈許：新歲新願

我的小燕子
妳須練好飛翔的翅膀
更要畫好行旅的藍圖
何懼於風風雨雨！

（戊子新春元旦於晚吟樓）

愛的生日賀卡

妳送給——
我的精美賀卡
一片親情，無限溫馨
令我詩心大悅

在賀卡左上方
畫個頭頂光禿的老者
他的造型、彷彿
和我似曾相識

妳年方八歲

能以中英文祝賀
我健康長壽，印證
情如枝葉，愛如瓜瓞

乖巧貼心的女娃
妳的賀卡是一份
最珍貴的禮物，應予
亮在書房晨夕欣賞！

（二〇〇九年端午節於晚吟樓）